Je cherche les clés du paradis

Florence Hirsch

Je cherche les clés du paradis

illustrations de Philippe Dumas

Mouche
l'école des loisirs
11, rue de Sèvres, Paris 6ᵉ

© 2002, l'école des loisirs, Paris
Loi n° 49.956 du 16 juillet 1949 sur les publications
destinées à la jeunesse : octobre 2002
Dépôt légal : octobre 2002
Imprimé en France par Aubin Imprimeur à Ligugé, Poitiers

Pour Martin, ETLB

Maman dit qu'il y a deux sortes de gens dans la vie.

Ceux qui ont un paradis perdu
et ceux qui n'en ont pas.

Mon paradis à moi, c'était ma maison.

Une vieille maison, qui laissait entrer le vent et la pluie et qui craquait de partout. Comme une vieille dame qui aurait été très belle dans sa jeunesse.

Mais elle était encore si pleine de charme qu'on en tombait amoureux au premier coup d'œil.

Aux fêtes d'anniversaire, on invitait beaucoup d'enfants qui couraient partout. Des combles jusqu'à la cave où l'on jouait au ping-pong.

Et surtout dans les petites chambres du haut, sous les toits Il y en avait une, la jaune, qui sentait encore la peinture à l'huile parce qu'elle avait jadis servi d'atelier.

Une autre qui était plutôt un grenier où l'on trouvait des vieux cadres et des perles de verre.

Les perles de verre venaient de Bohême. Je ne sais pas où est la Bohême mais c'est un joli nom. Papa m'a dit que mes arrière-arrière-grands-parents venaient de là.

Les perles de verre, c'était un peu leur trésor à eux. J'ai compris que tout cela avait à voir avec le passé. Mais papa n'en a pas dit davantage.

Lorsqu'ils s'en allaient, après la fête, mes amis me disaient souvent : « Ta maison, on dirait un château. »

C'était un peu vrai. Surtout quand mes sœurs et moi nous nous déguisions en princesses. Et que nous nous balancions en cadence dans le hamac, sous l'énorme cèdre.

Nous régnions sur le jardin. Sur la bignone qui se lançait à l'assaut de la tourelle. Sur le lierre qui montait les escaliers de pierre.

Sur la glycine qui enroulait ses tentacules aux balustres de la terrasse.

Mais ce que nous ressentions au fond, mes sœurs et moi, un Africain aurait pu le ressentir pour sa case ou un Indien pour son tipi.

C'était "cette vie du passé qui persiste en nous". Cela, je ne l'ai compris que plus tard.

Autrefois, cette maison était celle de mon grand-père. Qui lui-même la tenait de son grand-père.

Une maison si près de Paris. C'était étrange d'entendre grand-père Étienne raconter que, dans son enfance, il allait à côté, chercher le lait à la ferme, dans une boîte en fer-blanc.

Grand-père Étienne jouait du violoncelle. Grand-père Étienne fumait la pipe. Grand-père Étienne avait fait la guerre.

Pendant la guerre, ses parents et sa sœur avaient été arrêtés.

Ils n'étaient jamais revenus.

Plus tard, on avait planté un figuier près de la terrasse.

La guerre était finie. C'était un
"symbole", avait dit papa une fois.

Un symbole d'espoir et de paix.

Avant l'été, des gens sont venus visiter la maison. Une dame avec des talons hauts qui se prenaient dans les lames de parquet. Et un petit monsieur qui parlait fort.

Avec eux, il y avait une autre dame qui portait un manteau en peau de léopard.

Dans chaque pièce de la maison, elle répétait :

J'ai compris qu'elle parlait de la maison. Cela m'a fait bizarre.

Un peu plus tard, maman a voulu nous parler, à moi et mes sœurs. Elle s'est assise à côté de nous sur l'escalier.

Elle nous a dit : « Ne soyez pas tristes, mes chéries. La maison est vendue. »

Puis elle a éclaté en sanglots.

Le soir, au dîner, papa faisait une drôle de tête, lui aussi.

Après, ils ont parlé tous les deux. Dans ma chambre, je n'entendais pas tout ce qu'ils disaient. Des mots m'arrivaient :

Maison de famille

Mémoire

oubli

Je comprenais qu'il y avait eu un match entre la Mémoire et l'Oubli.

Et que l'Oubli avait triomphé.
Je comprenais qu'ils pensaient au
violoncelle et aux perles de verre.
Et aussi au figuier.

Et puis l'été est arrivé.

Et les vacances. J'ai oublié tout ça.

On faisait du vélo très vite dans les allées du jardin. On arrosait les radis qu'on avait eu le droit de planter près de l'oseille et de la ciboulette.

On lisait dans le hamac. Plus personne ne visitait la maison.

La vieille dame était redevenue
calme et tranquille. Tout était
comme avant.

On marchait pieds nus sur les
losanges noirs et blancs de la terrasse.

Le dimanche, papa prenait le violoncelle de grand-père. Et maman se mettait au piano. Je me souviens qu'elle faisait des tas de fausses notes. Je me souviens qu'on était bien.

L'autre jour, c'était la rentrée des classes.

Ce soir, en rentrant de l'école, on a trouvé des cartons partout.

Il y avait un escabeau dans le salon de musique. Il y avait des piles de livres sur le parquet. Et les meubles étaient mis n'importe comment.

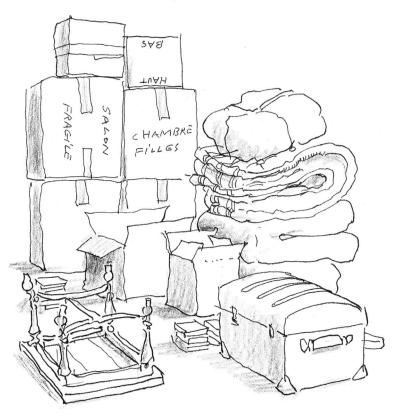

On m'a dit que les déménageurs venaient demain. À quoi ressemble un déménageur ?

À cet homme en noir qui est venu chercher grand-père Étienne, un soir d'hiver, il y a longtemps, quand il était très très vieux ?

Je regarde autour de moi.

Je connais ma maison dans ses moindres recoins.

Je saurais dessiner les feuilles de marronnier du carrelage de l'entrée.

Je saurais reconnaître les yeux bandés la marche en pierre de l'escalier.

Combien de livres ai-je lus sur ce perchoir ?

Par la fenêtre, j'aperçois le bas du jardin. Il y a le chèvrefeuille rouge et le seringat dont maman aime tant faire des bouquets.

Quand je bouge un peu la tête, comme le carreau est vieux et le verre inégal, on dirait que le hamac se balance tout seul.

Oui, j'ai l'impression de connaître tout ça par cœur. Ces images, ces bruits, ces odeurs. Mais quelque chose me dit qu'on oublie.

Que les choses s'effacent et se perdent à jamais.

Quelque chose me dit qu'on perd tout dans la vie. Même les paradis.

Maman dit qu'il y a deux sortes de gens dans la vie. Ceux qui ont un paradis perdu et ceux qui n'en ont pas.

Mais elle dit aussi que les gens qui ont eu une enfance heureuse ne peuvent jamais être vraiment malheureux par la suite.

Ils savent qu'il y a en eux quelque chose d'enfoui et de précieux où ils pourront toujours puiser.

Une source aussi limpide et transparente qu'une perle de verre.

Dehors, sur la terrasse, il y a une belle promesse de figues.